PANTCHÂDHYÂYÎ

ou

Les cinq chapitres sur les amours de Krishna avec les Gopîs

EXTRAIT DU BHAGAVATA-PURANA

LIV. X, CHAP. XXIX–XXXIII

PAR M. HAUVETTE-BESNAULT

S'il n'est guère de *Purâna* aussi populaire chez les Hindous que le Bhâgavata, ainsi que l'attestent le grand nombre des manuscrits et plusieurs éditions indigènes, dans ce *Purâna* lui-même il n'est pas de livre plus célèbre que le dixième, où est racontée l'histoire de Krishna, la dernière et la plus complète des incarnations de Vichnu[1]. Le fait est constaté par les traductions ou imitations qui en ont été faites, à différentes époques, et presque de nos jours encore, dans les divers dialectes de l'Inde. Il suffit de citer le *Dasam Askand*, traduit en français par M. Th. Pavie; le *Prem-Sagar*, dont M. Eastwick a donné la traduction en anglais, et une imitation en langue persane sur laquelle a été faite la traduction, également en anglais, publiée par Maurice dans le tome second de son *History of Hindoostan.*

La doctrine du salut par la dévotion, enseignée dans ce livre, en explique la popularité. Dans un fragment du *Padma Purâna*, le *Bhâgavata Mâhâtmya*, qu'on trouve à la suite de quelques exemplaires du *Bhâgavata Purâna*, publié à Bombay en 1860, il est dit, au chapitre IV, qu'un brahmane nommé Atmadéva se retira dans la forêt, d'après les conseils de son fils Gokarna, et qu'il obtint Krishna par la lecture de ce dixième livre.

Les cinq chapitres dont je donne ici la traduction forment un épisode désigné dans l'Inde sous le nom de « les Cinq lectures ; » ils sont consacrés au récit des amours de Krishna avec les *Gopîs*, littéralement les *vachères.* Les principaux traits de cette légende vivent encore dans la mémoire du peuple et dans les cérémonies du culte : nos contemporains ont vu des processions où figurait, porté sur un char, Krishna entouré de ses fidèles Gopîs[2]. C'est un sujet où semblent s'être complu l'imagination voluptueuse et la piété facile des poètes hindous. On sait que le *Gita Govinda* y tient de très près. L'*Anthologie* d'Haeberlin comprend, en outre, six ou sept autres petits poèmes, qui tous ont trait aussi à la même légende. Deux sont, quant à la forme, des imitations du *Méghadâta* et traitent du message d'Uddhava, rapporté dans le *Bhâgavata* liv. X, ch. XLVI et XLVII ; ils

---

[1] Polier, *Mythologie des Indous*, ch. V et VI, t. I.
[2] *Voyages dans l'Inde*, par le prince Soltykoff. p. 414.

ont pour titre *Uddhavacandéça* et *Uddhavadûta*. Deux autres, le *Hamsaduta* et le *Padankaduta*, ont rapport, l'un indirectement, l'autre directement, aux faits racontés dans la seconde partie de notre chap. xxx. Le *Vrindâvanaçataka* et le *Vrindâvanayamaka* célèbrent la forêt témoin des jeux de Krishna. Enfin le *Vrajavilâsa*, où Radha est nommée, est l'œuvre de Çrîdharasvâmin ; on se rappelle que c'est le nom du scholiaste de la *Bhagavadgîtâ*, du *Bhâgavata* et de trois des cinq livres du *Vaichnava*, le Ier, le IIe et le Ve (Wilson, préf. du *V.P.* p. LXXIV). La Bibliothèque impériale possède un manuscrit, outre le *Hamsadûta*, un drame en dix actes, par Rùpagosvâmin, le *Lalitamâdhava*, qui roule sur les amours de Krishna et de Râdhà. (*Catalogue man.* de M. Munck.)

On ne s'étonnera pas du grand nombre de ces compositions, si l'on songe que les Gopîs sont devenues, dans la tradition hindoue, comme le type et le modèle du salut par la dévotion et par la foi. Il est dit, au livre VII, ch. I, str. 30 du *Bhâgavata*, que les Gopîs ont été sauvées par l'amour. Le rédacteur du *Prem-Sagar* semble s'être inspiré de ce passage dans les réflexions qu'il met dans la bouche de Çuka sur les moyens d'arriver à la délivrance. Le *Bhâgavata Mâhâtmya*, déjà cité, est plus explicite encore : il n'hésite pas déclarer inutiles et de nul effet, à l'égard du salut, les mortifications, les Védas, la science et les œuvres ; c'est la dévotion qui fait obtenir Hari, ainsi que le prouve l'histoire des Gopîs, II, 18.

Plus bas, II, 56 et 57, opposant le bonheur du ciel des dévas, *svarga*, à celui de *Vaikuntha*, ou demeure de Vichnou : « Beaucoup de chemins, dit-il. mènent au premier, un seul mène au second, et c'est celui que les Gopîs ont suivi. »

Si la popularité de cette légende ne laisse aucun doute, on n'en peut dire autant de son antiquité. Je ne connais dans le *Mahâbhârata* qu'une allusion rapide à l'histoire des Gopîs ; elle se trouve dans l'invocation de Dràupadi à Krishna, *Gopjanapriya* (II, 2291). Les développements commencent avec le *Harivamça* et se continuent dans les Purânas. Elle est comme en germe dans le premier ; elle prend dans quelques-uns des Purânas des développements qui constatent et expliquent la faveur dont elle jouissait.

Le *Harivamça* y consacre une vingtaine de stances[3], le *Vaichnava* plus du double, et le *Bhâgavata* cinq chapitres. Le récit du *Harivamça*, tout bref qu'il est, en contient déjà les traits essentiels. On y voit Krishna se livrer au plaisir avec les Gopîs dans des circonstances identiques à celles qui sont décrites dans nos deux *Purânas*, et plus d'une fois la même idée y est exprimée dans les mêmes termes, soit que ce récit ait servi comme de canevas à ceux qui ont suivi, soit que la tradition eût dès lors consacré les mêmes locutions à l'énoncé des mêmes faits. Ici,

---

[3] P. 585 de l'édition de Calcutta, 1839.

comme dans les *Purânas*, l'amour des Gopîs pour Krishna leur fait braver tous les obstacles; elles se rangent, pour danser, deux à deux sur une même ligne, c'est-à-dire, suivant la glose citée par Wilson[4], elles forment un cercle dans lequel Krishna figure auprès de chaque Gopî; elles célèbrent ses louanges, imitent ses actions, l'accompagnent dans ses promenades et dans ses jeux, et ne s'arrêtent que lorsqu'elles sont à bout de force et ivres de plaisir.

Le *Vihsnu-Purâna*, ainsi que je viens de le dire, est plus développé; notre sujet y comprend près de cinquante çlokas, plus des trois quarts du chp. XIII, liv. V. Comme le texte de ce Purâna attend encore un éditeur, j'ai cru devoir donner, au moins en note et en caractères romains, ce passage tout entier. Je l'ai transcrit sur le manuscrit bengali de la Bibliothèque impériale portant le n° 12, f°s 252 *b* et suiv. C'est le seul qu'il y ait à Paris. M. Monier William a bien voulu comparer avec plusieurs manuscrits, et à l'occasion compléter la copie que je lui ai envoyée; il y a ajouté quelques variantes et quelques gloses qu'on trouvera en note. On peut voir le passage correspondant dans la traduction de M. Wilson, pag. 531 et suivantes. Je ne veux relever ici que les éléments nouveaux, par rapport au récit du *Harivamça*. Outre la doctrine du salut par la dévotion, on y remarquera tout d'abord le nom du ràsa, la disparition, ici non motivée, de Krishna, tout le passage relatif à son amante préférée, le désespoir des Gopîs en l'absence de Krishna, et leur joie à son retour au milieu d'elles, qui est suivi de danses et de chants.

Nous avons là non pas seulement le fond, mais la plupart des détails que nous retrouverons dans les cinq chapitres du *Bhâgavata*. À part le bain dans la Yamuna et la promenade dans le bois voisin, que le scholiaste considère comme faisant partie du ràsa; si l'on excepte encore dans le même chapitre les stances 3-4 et 20, qui ne laissent pas de doute sur la persuasion où étaient les Gopîs que chacune d'elles possédait Krishna, à l'exclusion de ses compagnes, ce que le *Bhâgavata* ajoute au *Vaichnava* est purement explicatif ou accessoire. Telles sont, au commencement du chapitre XXIX et la fin du chapitre XXXIII, les discussions entre le narrateur Çuka et le roi Parikchit; les moralités adressées par Krishna aux Gopîs et leur réponse, au chapitre XXIX; la prière des Gopîs qui remplit tout le chapitre XXXI, et le dialogue entre les Gopîs et Krishna à la fin du chapitre XXXII.

L'intention religieuse qui ressort de ces divers passages et des comparaisons mystiques semées à profusion dans tout ce morceau, est peut-être encore plus accusée dans le *Dasam Askand*, qui semble être surtout un livre d'édification et

---

[4] P. 534 de sa trad. du *V. P.*, note.

de piété, où les faits n'ont guère qu'une valeur accessoire et sont presque toujours précédés ou suivis de réflexions et de prières.

Le *Prem Sagar*, malgré les développements de sa rédaction, qu'on dirait puisés quelquefois dans la glose du *Bhâgavata*, n'ajoute aucun trait nouveau au récit de nos deux Purànas.

Je ferai remarquer cependant que Ràdhà y est nommée, dans la prose seulement, il est vrai à ne considérer que la *Pantchâdhyâi* ; mais plus bas, elle l'est aussi dans les vers, d'une rédaction beaucoup plus ancienne, à en juger par la langue, qui ont été fondus dans la prose lors de la composition de cet ouvrage au commencement du siècle ; je veux parler du chapitre LXVI, répondant au chapitre LXV du *Bhâgavata*, où est racontée la visite faite par Râma aux habitants du parc sur l'ordre de Krishna. On sait que W. Jones avait cru lire ce nom dans le *Bhâgavata*. C'était une erreur ; elle s'explique facilement, si on suppose que W. Jones n'avait fait de notre chapitre XXX qu'une lecture rapide. Mais si le nom de l'héroïne n'y est pas, sa personne y est ; et le culte rendu par elle à Krishna est exprimé par un participe ou un verbe formé de la même racine que son nom, *àràdhitah*, ou, suivant une autre leçon, *arâdhi nah*, de *râdh*. Cette rencontre, si elle est fortuite, est au moins étrange, et elle autorise les conjectures[5].

Les sectes religieuses étaient et sont encore nombreuses dans l'Inde, surtout parmi les Vichnouites (Wilson, *Religious sects of the Hindoos*, dans les *Asiatic Researches*, t. XVI) ; et elles sont loin d'admettre toutes le culte de Ràdhà. Rien d'étonnant, dès lors, que son nom ait été passé sous silence dans quelques Puràs. Cette omission est établie pour le *Bhâgavata*, sous la réserve qui vient d'être indiquée, et pour le *Vaichnava* par le texte que j'ai donné ci-dessus (en note). M. Burnouf l'admet aussi (p. CVI, préface du premier volume) pour l'*Agneya*, d'après le témoignage de Wilson. Mais la conclusion qu'il en tire paraît peu conforme aux textes. Si les rédacteurs de ces Purànas n'ont pas nommé Râdhâ, ce n'est pas assurément qu'ils ignorassent le rôle qu'elle joue dans l'histoire de Krishna, puisqu'ils y ont consacré, l'un neuf stances, l'autre dix-sept ou dix-huit. On pourrait en inférer tout au plus qu'elle n'avait pas encore de nom. Y aurait-il témérité à admettre, au moins provisoirement, que ce nom a été omis dans un intérêt de secte ? On serait ainsi amené à des conséquences tout autres que celles pour lesquelles penchait M. Burnouf. Car si, tout hostiles qu'ils peuvent être au culte de Ràdhà, deux de ces Purànas s'étendent sur ses amours avec Krishna et lui donnent un rang à part entre les Gopîs, on est autorisé à penser que la croyance

---

[5] Est-il besoin de prévenir le lecteur que notre Râdhâ n'a rien de commun avec la mère supposée de Karna ?

populaire unissait intimement les deux personnages lors de la rédaction de ces livres, et qu'il était impossible à un écrivain de parler de l'un sans indiquer les rapports que la tradition lui attribuait avec l'autre. Par cela même, on ne pourrait plus, sur l'omission de ce nom, fonder un argument en faveur de l'antériorité du *Bhâgavata*, relativement à ceux des Purânas où il est fait une mention expresse de Râdhâ. D'autre part, comme le *Harivamça*, qui donne tant de détails sur la vie de Krishna, est muet sur le compte de sa maîtresse, il n'y a pas de raison pour en faire remonter la légende plus haut que la composition de ce poème ; mais cela suffit peut-être, indépendamment des inductions qu'on peut tirer du style, pour accorder au *Harivamça*, jusqu'à plus ample informé, une antiquité plus grande qu'au *Vichnu-Purâna*, contrairement à l'opinion de Wilson. On a vu plus haut, en effet, que ce dernier ouvrage est cité dans le *Kârya Prahâça* et le *Sâhitya Darpana*, compositions de date récente qui empruntent la plupart de leurs exemples à la poésie érotique et aux drames, tandis que le *Harivamça* est déjà nommé dans Albirouny (Reinaud, *Mémoire sur l'Inde*).

Quant à l'origine première et au sens de cette légende, il serait prématuré d'en tenter aujourd'hui l'explication. Holwell et après lui Maurice ont cru la trouver dans l'astronomie, et c'est bien là, selon toute apparence, qu'il faudra la chercher. Les Hindous, au moins dans les livres d'imagination et de piété qui nous sont connus, paraissent n'y avoir pas même pensé. Il suffit, pour s'en convaincre, de jeter un coup d'oeil sur le commentaire de Çrîdharasvâmin[6]. On y retrouve, exposées avec plus de rigueur et de précision, les idées mystiques qui dominent dans le *Dasam Askand* et dans le *Prem Sagar*. Mais si cette interprétation est intéressante, en tant qu'elle témoigne de la croyance générale et de l'état des esprits dans l'Inde à l'époque où elle fut adoptée, elle mènerait difficilement à un résultat scientifique.

M. Burnouf a décrit, dans la préface de son premier volume et dans celle du second, les divers textes manuscrits et imprimés qu'il a eus à sa disposition pour la publication et pour la traduction des neuf premiers livres. Le dixième manque dans le manuscrit devanâgari portant le n° 1. Parmi les autres, je n'ai pu consulter que le manuscrit devanâgari provenant du fonds Burnouf, l'édition de Bombay de 1839, appartenant l'un et l'autre à la Bibliothèque impériale, et l'édition bengalie appartenant à la Société asiatique de Paris. Je dois à l'obligeance de M. le Bibliothécaire de l'institut d'avoir pu collationner ces divers textes sur un exemplaire de la nouvelle édition de Bombay encore en feuilles. Il suffira de dire quelques mots de cette dernière. Elle se rattache, comme l'édition de 1839, à la classe des manuscrits devanâgaris (Burnouf, préface du premier volume, p. CLXIII) ; mais elle n'en est pas la

reproduction pure et simple. Elle donne un çloka de plus (cf. XXX, 34, note) qui se retrouve, d'ailleurs, dans le manuscrit devanâgari ; si elle répète plusieurs fautes qui s'étaient glissées dans l'édition précédente, il en est d'autres aussi qu'elle corrige, et d'autres qui lui sont propres. À la classe des manuscrits ben-

---

[6] En tête de chaque chapitre, le scholiaste a placé dans la glose, tantôt un, tantôt deux distiques qui en résument le contenu. Au chapitre XXIX nous en avons deux, suivis d'une courte dicussion en guise de préambule. Voici ce passage avec la traduction :

«Au chapitre vingt-neuf, discours et réponse entre Hari et les Gopis, et sa disparition surprenante au milieu des transports du râsa.

«Gloire à l'époux de Çri qui abat l'orgueil de l'Amour aveuglé et exalté par sa victoire sur Brahmà, et qui fait l'ornement du cercle formé par les Gopis dans le rasa.

«Mais, dira-t-on, il y a la contradiction car, puisqu'il se livre au plaisir avec les femmes des autres, il ne peut peut être considéré comme vainqueur de l'amour. — Erreur ; car les passages suivants, entre autres : *recourant à l'illusion de Yoga ; bien qu'il trouve son bonheur en lui-même, il goûta le bonheur*, XXIX, 1 et 42 ; *lui qui trouble celui même qui trouble les cœurs*, XXXII, 2 ; *lui qui renferme sa jouissance en lui-même*, XXXIII, 26 ; il résulte expressément qu'il reste maître de lui-même. Par conséquent les jeux du rasa sont simulés et ont pour but de célébrer sa victoire sur l'amour ; voilà la vérité ; et, sous prétexte de récits d'amour, la délivrance est l'objet exprès de la Pantchâdhyâyi que nous allons expliquer. »

Le commentateur revient plusieurs reprises sur la même idée. Je ne citerai que deux autres passages. Dans le premier, ch. XXXIII, str. 37, il dit que l'intention de Krishna est de s'attacher le cœur des hommes que les douceur et l'amour séduisent et entrainent vers les objets sensibles. Dans le second, même chapitre, str. 40 : «L'auteur, dit-il, établit ici que, pour qui écoute le récit des jeux du rasa ou la victoire de Bhagavat sur l'amour, le fruit est de vaincre l'amour. »

galis appartient l'édition de la Société asiatique. Les variantes assez nombreuses qu'elle présente n'affectent pas le sens général. Ce sont parfois de simples différences d'orthographe ; d'autres fois, des mots presque semblables pour le son comme pour le sens ; presque partout, une conformité plus sévère à l'usage général dans la formation du féminin des participes présents de la première classe. Deux variantes seulement méritent une mention particulière ; je veux parler de l'insertion au milieu du çloka 23, ch. xxx, d'un troisième hémistiche qui n'est donné par aucun autre texte ; et du çloka 5, ch. xxxi, où on lit *truti*, pour le besoin de la mesure, ce semble, tandis que les autres textes lisent *trutih* en dépit du mètre, mais conformément à l'usage qui donne à ce nom le genre féminin. Ailleurs, l'édition bengalie ne se montre pas plus scrupuleuse que les testes devanâgaris l'égard de la versification, et elle lit comme eux *tatra ulûkhale*, xxx, 23, et samstutya isat xxxii, 15. On peut voir d'autres exemples de cette irrégularité dans les *Indische Sprüche* de M. Böhtlingk, 910 et 1734. Le sandhi irrégulier *çriyaikavallabham*, xxix, 39, commun également ù tous nos textes, pour *çriyâ* ou *çriyâ eka°*, est autorisé par plusieurs exemples de la poésie épique.

Dans les citations que je pourrai faire de ces différents textes, *À* désigne l'édition devanâgarie de 1839 ; *B*, l'édition bengalie ; *C*, l'édition de 1860 ; *D*, le manuscrit devanâgari du fonds Burnouf. Les renvois au *Bhâgavata-Purâna* (édit. Burnouf, pour les neuf premiers livres ; éd. de Bombay. 1839, pour les suivants) sont indiqués à l'aide de trois nombres ou de deux, selon qu'ils se réfèrent la stance ou au chapitre. Les lettres *V.P.* suivie d'un nombre, désignent une des stances du *Vishnu-Purâna*, livre V, chap. xiii, dont j'ai donné ci-dessus tout ce qui se rapporte aux amours de Krishna avec les Gopîs. Pour la transcription en caractères romains, j'ai suivi, en général, celle de M. Weber, comme il a été proposé dans ces temps derniers, par analogie avec la transcription des cérébrales. Cette remarque ne s'applique qu'aux textes cités dans les notes, y compris celles de l'introduction. La traduction et les observations générales qui l'accompagnent ainsi que celles qui précèdent, pouvant être lues par des personnes étrangères à ces notations j'ai cru devoir y conserver, pour les consonnes surtout, une transcription plus conforme à nos habitudes.

BHAGAVATA-PURANA

LIVRE X
DESCRIPTION DES JEUX DU RASA EN CINQ CHAPITRES

CHAPITRE XLIX

Çuka dit :

1.   A la vue des nuits où le jasmin s'épanouissait au souffle de l'automne, Bhagavat, voulant se livrer au plaisir, recourut à l'illusion du Yoga[7].

2.   Alors la lune, rougissant de ses rayons propices la face de l'orient, vint dissiper les souffrances des mortels : ainsi fait le bien-aimé pour sa bien-aimée après une longue absence.

3.   En voyant l'astre ami des Kumudas, dont le disque arrondi et rouge comme le safran nouveau rivalisait d'éclat avec le visage de Rama, et la forêt baignée de ses doux rayons, il fit entendre d'harmonieux accords qui ravissent le cœur des (femmes) aux beaux yeux.

4.   A ces accents qui redoublent leur amour pour lui, les femmes du parc dont Krishna a ravi les cœurs, se cachant les unes des autres, allèrent à l'endroit où était le bien-aimé, en secouant dans leur empressement les anneaux de leurs oreilles[8].

5.   Telles qui trayaient les vaches, laissant là leur seau, s'en allaient vers l'objet de leurs désirs ; telles, après avoir mis le lait sur le feu, partaient sans retirer le gâteau.

6.   Elles laissaient là, qui le service de la table, qui leurs enfants qu'elles allaitaient, qui leurs maris aux vœux de qui elles se rendaient, qui les aliments qu'elles prenaient.

7.   Elles se rendaient auprès de Krishna, les unes en se frottant d'essences et

---

[7] Cf. *V.P.* 14 et 15. —A la fin du chap. XXII de notre livre X, Krishna promet aux Gopis de satisfaire leurs désirs pendant les nuits de l'automne.

[8] 3-4. — Cf. *V.P.* 16-17. — On remarquera qu'il n'est pas question de Râma ou Balarâma, frère aîné de Krishna, dans ce passage du *Bhâgavata*.

en s'essuyant, d'autres en mettant le collyre sur leurs yeux; celles-ci affublées au hasard de leurs vêtements et de leurs parures[9].

8.   Quoi que disent pour les retenir maris, pères, frères, parents, elles ne pensaient qu'à Govinda et ne revenaient pas, tant elles étaient troublées[10].

9.   Plusieurs Gopîs qui étaient dans le gynécée, et qui n'avaient pu en sortir, s'unissant à Krishna par la pensée, méditèrent sur lui en fermant les yeux[11].

10.   La douleur cuisante qu'elles ressentaient de leur pénible séparation d'avec le bien-aimé effaçait leurs péchés, et la félicité des embrassements d'Atchyuta, qu'elles devaient à la méditation, anéantissait leurs mérites;

11.   Elles furent réunies à l'âme suprême en croyant l'être à un amant, et quittant leur corps émané des qualités, leurs liens furent soudain anéantis[12].

Le roi dit:

12.   «Elles, ne voyaient en Krishna qu'un amant, et non l'Être suprême, ô Çuka! Comment le courant des qualités s'est-il arrêté pour elles puisqu'elles méditaient sur les qualités?»

Çuka dit:

13.   «Tu as appris jadis que le roi de Tchédi obtint la délivrance, bien qu'il fut ennemi de l'Incarné; à plus forte raison, ceux qui aiment l'Invisible.

14.   «C'est pour le salut des hommes, ô roi! que Bhagavat se manifeste, lui qui est immuable, incompréhensible, et indépendant des qualités dont il est l'âme.

15.   «Quiconque éprouve pour Hari amour, colère, crainte, affection; qui se sait un avec lui et lui est dévoué, toujours celui-là s'unit à son essence.

16.   «Et cela ne doit pas t'étonner, puisque Krishna est Bhagavat, l'Éternel, le maître des maîtres du Yoga, celui par qui l'univers est délivré[13].»

---

[9] 5-7. — Elles renoncent aux trois espèces d'œuvres, c'est-à-dire au *dharmarthakàma*, (I, ix, 28) pour ne s'occuper que de la seule chose nécessaire, *moxa evarthah* (IV, xxii, 35).

[10] 8. — Cf. *V.P.* 58, et l'introduction, p. 377, note 3.

[11] 9. — Cf. *V.P.* 20.

[12] 10-11. — Cf. *V.P.* 21, 22, et l'introduction, p. 381, note 1. Comment, dit la glose, ont-elles pu quitter leur corps, puisqu'elles ignoraient que Krishna fût l'âme suprême? Le texte a prévenu cette objection en disant, *jarabuddhyâpi*; c'est que les choses ont une vertu propre et indépendante des idées qu'on s'en fait: ainsi de celui qui boirait l'ambroisie sans le savoir. — Autre difficulté tout à fait indienne. Le texte dit que *leurs liens ont été anéantis tout à coup*. Mais comment, sans un *bhoga*, l'œuvre commencée a-t-elle été anéantie? — Il y a eu *bhoga*: pour leurs péchés, c'est la douleur de ne pas voir Krishna; pour leurs mérites, c'est le bonheur suprême de s'unir à lui par la méditation. *Bhoga* paraît signifier ici *absorption*.

[13] 13-16. — La glose explique l'objection et la réponse. «Il ne suffit pas, pour obtenir la délivrance, d'aimer son mari, ses enfants, etc., bien qu'ils ne soient autre chose que Brahma; il faut savoir qu'ils sont Brahma. De même à l'égard de Krishna pour être sauvé, il ne suffit

17.   Quand il vit les femmes du parc qui étaient venues à lui, Bhagavat, le premier de ceux qui parlent, parla ainsi, troublant leurs cœurs par les charmes de sa voix[14].

Bhagavat dit :

18.   «Salut à vous, femmes vertueuses! Que puis-je faire qui vous soit agréable? Comment se porte-t-on au parc? Dites ce qui vous amène.

19.   «Voyez, la nuit est pleine de visions effrayantes et hantée par des êtres effrayants. Retournez au parc. Il ne convient pas à des femmes de rester ici, ô toutes belles!

20.   «Mères, pères, fils, frères, époux, ne vous voyant plus là vous cherchent; ne causez pas d'inquiétude à vos parents.

21.   «Vous avez vu la forêt en fleurs, rougie par les rayons de la pleine lune et embellie par les jeunes pousses des arbres qui frémissent aux caresses de la brise de la Yamunâ.

22.   «Retournez donc au parc sans tarder, obéissez à vos maris, ô femmes dévouées! Les veaux et les enfants poussent des cris : faites-les boire, contentez-les!

23.   «C'est par affection pour moi sans doute que, maîtrisant vos pensées, vous êtes venues ici. C'est bien à vous. Tout ce qui a vie trouve en moi le bonheur.

24.   «Le devoir suprême des femmes est d'obéir avec droiture à leur mari, de préparer la nourriture de ses parents et celle de leurs enfants, ô femmes bienveillantes!

25.   «Fût-il d'un mauvais caractère, laid, vieux, borné, malade ou pauvre, jamais un mari qui n'est pas dégradé ne doit être abandonné par des femmes qui désirent gagner les mondes.

26.   «C'est chose contraire au ciel et à la gloire, vaine, pleine d'ennuis et de

---

pas de s'unir à lui, il faut savoir qu'il est Brahma. — L'assimilation est inexacte. L'essence suprême est comme voilée chez les êtres vivants, mais non chez Krishna, parce qu'il est *Hrichikéça* (*celui qui dispose en maître des sens*, Burn. préf. du 1er vol. p. CXXIX); dès lors, il n'est pas besoin de penser à Brahma en pensant à lui. — Si on demande comment une âme, *dehi*, peut n'être pas voilée, on répond qu'il s'agit de la manifestation de Bhagavat, l'âme ou le régulateur des qualités; que, par conséquent, il ne faut pas voir en Krishna une âme semblable aux nôtres; qu'il suffit pour le salut d'y appliquer sa pensée de quelque manière que ce soit; et qu'il n'y a là rien d'étonnant, puisqu'il est Bhagavat. Cf. le même raisonnement abrégé, X, XLVII, 60. — Sur *Adhokchadja*, cf. III, XII, 19 : *Sarvabhûtaguihavâsam*: son opposé *Hrichikéça* s'applique donc à la divinité incarnée, cf. en outre I. VIII, 23; et *M. Bh.* II, 878. — La mort de Ciçupâla, roi de Tchédi, est racontée dans notre livre X, ch. LXXIV.

[14] 17 *d.* — *Peça* = *vagvilâsa*; cf. *vâcah supeçalah*, XXXIII, i *c.*

périls, et blâmée toujours chez une femme de noble condition, que d'avoir un amant.

27. « C'est en m'écoutant, en me contemplant, en pensant à moi, en célébrant mon nom qu'on me témoigne de l'amour, et non par un tel voisinage. Retournez donc dans vos maisons. »

Çuka dit :

28. A ce langage sévère de Govinda, les Gopîs, abattues et le cœur brisé, tombèrent dans une profonde tristesse.

29. Inclinant vers la terre leurs visages aux lèvres rouges comme le fruit du bimba et desséchées par les soupirs de la douleur ; traçant avec le pied des lignes sur le sol [15], et de leurs larmes, teintes du collyre de leurs yeux, enlevant le safran de leurs seins, elles restaient debout en silence, accablées sous le poids du malheur.

30. En entendant les paroles austères de Krishna leur bien-aimé, pour qui elles avaient renoncé à tous les désirs, elles essuyaient leurs yeux obscurcis par les larmes, et, d'une voix altérée par le dépit , elles dirent avec amour :

Les Gopîs dirent :

31. « Loin, ô maître ! loin de toi ces discours rigoureux. Renonçant à tous les objets sensibles, nous aimons la plante de tes pieds, aime-nous, ô (dieu) capricieux ! ne nous abandonne pas : ainsi le dieu premier-né des êtres aime ceux qui soupirent après la délivrance.

32. « Ce que tu as dit, avec l'autorité de la science du devoir, que le devoir des femmes, par excellence, est le dévouement à leurs maris, à leurs enfants et à leurs parents, envers qui le pratiquer si ce n'est envers toi, qui es le but des préceptes et le Seigneur ? Oui, tu es le bien-aimé, le parent, l'âme des êtres animés [16].

33. « Les sages, en effet, mettent leur bonheur en toi, leur bien-aimé qui réside en eux-mêmes ; qu'importent maris, enfants et le reste, source de douleurs ?

---

[15] Ce n'est pas creuser la terre du pied eu signe de colère comme le fait le taureau furieux Arichta, X. xxxvi, 2 ; mais tracer des lignes sur la terre avec le pied, en signe de chagrin et de confusion.

[16] Le scholiaste propose ici plusieurs interprétations. D'après la première, le précepte, rappelé par Krishna et répété ironiquement par les Gopîs a Krishna pour objet, parce qu'il est le Seigneur, c'est-à-dire l'âtma, le seul être percevant tout ce qui peut être perçu, et en jouissant. D'après la deuxième, les Gopîs repoussent le conseil de Krishna, parce qu'elles sont venues lui demander, non pas la connaissance du devoir, mais la possession de sa personne ; avec lui elles auront tous les fruits des devoirs. D'après la troisième, la loi rappelée par Krishna n'est pas applicable quand il s'agit de lui ; les Gopîs peuvent l'aimer sans manquer à leurs devoirs vis-à-vis de leurs maris.

Sois-nous donc propice, ô maître suprême! ne trompe pas l'espérance que nous avons mise en toi dès longtemps, (dieu) aux yeux de lotus!

34. « Par toi nous ont été ravies les pensées qui se renferment avec joie dans la maison, et les mains (qui se plaisent) aux travaux domestiques; nos pieds ne sont pas un pas loin de la plante de tes pieds; comment irions-nous au parc ou qu'y ferions-nous?

35. « Oh! éteins dans le lac d'ambroisie de tes lèvres le feu de l'amour qu'ont allumé en nous tes regards souriants et tes accords harmonieux! Sinon, consumant nos corps dans le feu de la séparation, nous irons par la méditation sur la trace de tes pas, ô ami!

36. « (Dieu) aux yeux de lotus! depuis que, dans ta bonté pour les habitants de la forêt, nous avons touché parfois la plante de tes pieds, joie réservée à Râma; depuis que par toi nous avons connu le bonheur, non, nous ne pouvons plus supporter la présence d'un autre.

37. « De même que Çri qui repose cependant sur ta poitrine et dont les autres dieux s'efforcent d'attirer sur eux les regards, a adoré avec la Tulasi la poussière de tes pieds, chère à tes serviteurs [17]; de même, nous aussi, nous nous réfugions dans la poussière de tes pieds.

38. « Sois-nous donc propice, ô toi qui détruis la douleur! nous voici à tes pieds, ayant quitté nos demeures dans l'espérance de te servir; la beauté de ton sourire et de ton regard a allumé un ardent amour dans nos cœurs; ô perle des hommes! donne-nous d'être tes esclaves.

39. « Oui, depuis que nous avons vu ton visage qu'entourent les boucles de tes cheveux, et où brillent les pendants d'oreilles sur tes joues, sur tes lèvres le nectar et le sourire dans tes yeux, depuis que nous avons vu les deux bras puissants qui donnent la sécurité, et ta poitrine, seules délices de Çri, nous voulons devenir tes esclaves!

40. « Est-il donc une femme dans les trois mondes qui n'oublie ses devoirs les plus saints, troublée aux accords prolongés de ta flûte et à la vue de cette forme qui réunit les perfections des trois mondes, quand les vaches, les oiseaux, les arbres et les bêtes fauves en ont tressailli d'allégresse!

41. « Oui, tu naquis pour être le sauveur du parc dans le péril et la douleur, comme le dieu, premier-né des êtres, est le protecteur du monde des Suras. Oh! pose ta main pareille au lotus, ami des affligés! sur nos seins brillants et sur nos têtes, à nous tes servantes. »

Çuka dit:

---

[17] On sait que Çri est la déesse de la fortune.

42.   Quand il eut entendu les lamentations des Gopîs, le maître des maîtres du Yoga, souriant avec bonté, goûta le bonheur avec elles, lui qui trouve son bonheur en lui-même[18].

43.   Tandis que réunies autour de lui, leur visage s'épanouissait à la vue du bien-aimé, le (héros) aux nobles exploits, Atchyeta, dont le noble sourire et les dents ont l'éclat de la fleur du jasmin, resplendissait comme la lune entourée par les étoiles[19].

44.   Répondant à leurs chants par ses chants et marchant, paré de la guirlande *vajayanti*[20], en tête de la troupe de ses cent femmes, il parcourait la forêt dont il faisait l'ornement.

45.   Entrant avec les Gopîs dans une île du fleuve couverte d'un sable frais, il jouit de la brise qui en caressait les vagues et qu'embaumaient les lotus de nuit.

46.   Il les prenait et les enveloppait dans ses bras, promenait sa main sur leurs mains, dans leurs cheveux, sur leurs cuisses, sur leur taille, sur leurs seins ; il leur imprimait en badinant la marque de ses ongles, jouait, les regardait et souriait, allumant et satisfaisant à la fois l'amour des belles du parc.

47.   Fières de posséder ainsi le bienheureux Krishna à l'âme magnanime, elles se crurent dans leur orgueil bien au-dessus des femmes de la terre.

48.   A la vue de l'ivresse et de l'orgueil qu'inspirait sa beauté, Kéçava disparut du milieu d'elles pour les punir et les calmer.

---

[18] L'idée que Bhagavat est heureux par lui-même (*ânanda-maya*, de la doctrine Védânta) revient en maint passage du *Bhâgavata*, cf. surtout III, IX, 19.

[19] Les œuvres de Hari, aux exploits merveilleux (III, X, 10), sont un mystère (IV, II, 8) comme le corps qu'il revêt. La même épithète convient aussi au sourire, d'après la glose, et elle lui est souvent appliquée dans la poésie classique.

[20] *Vajayanti* est le nom donné à la guirlande de Vichnu, d'après Râdhâkânta ; elle se compose de fleurs des bois.

CHAPITRE XXX

Çuka dit :

1. Bhagavat ainsi disparu soudain, les femmes du parc se désolèrent : telles les femelles de l'éléphant qui ne voient pas le chef du troupeau.

2. Attachant leur pensée à sa démarche, à son sourire affectueux, à ses regards provocants, à ses discours enchanteurs, à ses jeux, à ses gracieux ébats, les femmes imitèrent les actions diverses de l'époux de Râma, en s'identifiant avec lui [21].

3. Elles reproduisaient avec amour en leur personne la démarche, le sourire, le regard, les discours du bien-aimé : « C'est moi qui suis Krishna ; » disaient les jeunes femmes en s'idenfiant avec lui et en imitant la grâce de ses jeux [22].

4. Célébrant ses louanges à haute voix, elles le cherchaient, en troupe serrée, comme des insensées, de forêt en forêt ; elles demandaient aux arbres des nouvelles du Purucha qui, pareil à l'éther, est au dedans et au dehors des êtres [23].

5. « O Açvattha, Plakcha, Nyagrodha ! avez-vous vu le fils de Nanda qui s'est enfui après nous avoir ravi nos cœurs par ses regards affectueux et souriants

6. « Est-il passé ici, ô Kurubaka, Açoka, Nâga, Punnàga, Tchampaka ! le frère cadet de Râma, dont le sourire abat l'orgueil des femmes superbes ?

7. « Et toi, propice Tulasi, chère aux pieds de Govinda, as-tu vu celui dont tu fais l'ornement avec tes essaims d'abeilles, ton bien-aimé Atchyuta ?

8. « O Mâlatî, Mallikâ, Djâtî, Yuthikâ ! l'avez-vous vu ? est-il passé ici celui qui vous remplit de joie au contact de sa main, l'ennemi de Madhu ?

9. « Dites, ô Tchûta, Priyâla, Panasa, Asana, Kovidâra, Djambu, Arka, Vil-

---

[21] Cf. *V.P.* 24.

[22] Cette stance n'est en partie que la répétition de la précédente. On sait que ces répétitions, plus ou moins affaiblies, sont fréquentes chez les poètes hindous. (Cf. C. Schütz, *Kalidâsa's Wollkenhote*, p. 8, note.

[23] Selon le *Prem-Sagar*, les Gopîs supposent que les animaux, les oiseaux et les arbres de Vrindàvana sont des richis et des munis descendus sur la terre pour être témoins des jeux de Crichna. — Sur l'éther, cf. III, xxvi, 34, où il est appelé *mabhah*. Hari est au dedans et au dehors de toutes choses, I, viii, 18 ; au dedans, sous la forme de l'esprit ; au dehors, sous la forme du temps. III, xxvi, 18. Ailleurs, III, ix, 32, il est comparé au feu renfermé dans toutes les espèces de bois. Cf. aussi *V.P.* 60. — *Vanaspati*, en dépit de l'étymologie, *roi de la forêt*, semble, d'après les stances qui suivent, s'appliquer à des végétaux de diverses grandeurs.

va, Vakula, Amra, Kadamba, Nîpa, et vous tous qui vivez pour le bien des autres, (ô arbres) voisins de la Yamunâ! dites-nous le chemin suivi par Krishna, car loin de lui nous nous mourons.

10. «Quelle pénitence as-tu donc accomplie, ô Terre! pour jouir du contact des pieds de Kéçava, et briller, frissonnante de plaisir, dans tous les poils de ton corps? Est-ce impression (récente) de ses pieds? ou de (l'antique) pas vainqueur du héros aux grands pas? ou de l'étreinte du (dieu) au corps de sanglier[24]?

11. «O gazelle amie! est-il passé ici avec sa bien-aimée celui dont les membres font la félicité des yeux, votre cher Atchyuta? Rougie, au contact de l'amante, par le safran de ses seins, la guirlande de jasmin du noble époux embaume la brise qui souffle ici.

12. «Le bras appuyé sur sa bien-aimée, un lotus à la main, et suivi des fols essaims d'abeilles de sa Tulasi, le frère cadet de Râma, qu'en ce moment vous saluez à son passage, ô arbres! vous répond-il par des regards affectueux?

13. «Interrogez ces lianes[25] : bien qu'elles pressent les bras du roi de la forêt, c'est au contact de ses ongles qu'elles tressaillent d'allégresse, ô bonheur[26]!»

14. Ainsi disaient les Gopîs dans leur égarement, en cherchant Krishna avec angoisse ; (puis) elles imitèrent les jeux divers de Bhagavat en s'identifiant avec lui.

15. L'une, qui faisait Krishna, suçait le sein à une autre qui faisait Putanâ. Telle autre, faisant le petit enfant et pleurant, frappait du pied celle qui faisait le char[27].

16. Telle, imitant le démon, en enlevait une qui faisait Krishna enfant. Une autre rampait en traînant ses pieds avec des cris affreux[28].

17. Deux font Krishna et Râma, d'autres font les bergers ; celle qui fait le veau tombe sous les coups de l'une ; l'autre tue celle qui fait le héron[29].

---

[24] La même pensée et le même mouvement sont reproduits plusieurs fois dans le *Bh. P.* (cf. entre autres V, VIII, 19). — Sur l'incarnation en nain, cf. liv. VIII, ch. XXIII (ses pas sont la terre, l'atmosphère et le ciel, II, VI, 6). — L'incarnation en sanglier est la seconde, cf. entre autres, III, XIII, 18 et suiv.

[25] Les lianes sont intérieurement sensibles au toucher, *latâh... antahsprçáh*, III, x, 18.

[26] Les adorateurs de Vishnu forment un *gotra* dont il est le chef.

[27] Il est fait souvent allusion aux événements de la vie de Krishna dont il est question ici et dans les stances suivantes ; cf. le ch. VII du livre II. — Sur Putanâ, cf. X, VI ; sur le char, X, VII. — Cf. sur ces jeux des Gopis, *V. P.* 24-28.

[28] Le *daitya* qui enlève Krishna est Trinâvarta, X. VII. Au liv. X, ch. x, est la légende des deux arbres à laquelle le second hémistiche fait allusion.

[29] Cf. X, XI, le récit de ce double exploit.

18.   A une autre qui rappelle, comme jadis Krishna, les vaches entraînées au loin, joue de la flûte et prend ses ébats : «Très bien!» disent ses compagnes[30].

19.   Le bras appuyé sur l'une d'elles, une autre disait tout en marchant : «Ne suis-je pas Krishna? Regardez ma démarche gracieuse!» tant son cœur est plein de lui[31].

20.   «Ne craignez ni le vent ni la pluie : voici un abri que je vous ai ménagé,» en disant ces mots, elle raidissait le bras et soutenait en l'air son manteau[32].

21.   Telle, en terrassant une autre et lui mettant le pied sur la tête, ô roi! lui disait : «Tu es une perverse, eh bien! meurs. Ne suis-je pas né pour le châtiment des méchants[33]?»

22.   Telle autre disait : «Bergers! voyez le formidable incendie ; vite, fermez les yeux ; je vais vous sauver à l'instant[34].»

23.   Attachée à un mortier[35] par une de ses compagnes avec une guirlande, une jeune beauté, tremblante et cachant son visage, simulait la frayeur.

24.   Tout en interrogeant ainsi sur Krishna les lianes et les arbres de Vrindàvana, elles aperçurent en certain lieu de la forêt les traces de celui qui est l'âme suprême[36].

25.   Car les traces du fils de Nanda à l'âme magnanime se reconnaissent sûrement à l'étendard, au lotus, au foudre, à l'aiguillon, au grain d'orge et autres signes[37].

26.   Tandis que, à l'aide de ces traces diverses, elles cherchaient le chemin qu'il avait suivi, les jeunes femmes apercevant devant elles des pas de femme régulièrement mêlés au siens, se dirent entre elles avec douleur[38] :

27.   «Quels sont ces autres pas? Quelle est celle qui est partie avec le fils de Nanda, en soutenant sur son épaule le bras du bien-aimé comme la femelle en compagnie de l'éléphant?

---

[30] Cf. X, XIII ; Brahmâ attire et cache les troupeaux et les petits bergers dans une caverne.
[31] Cf. *V. P.* 25.
[32] Cf. X, XXV. Krishna, pendant un orage, met les troupeaux et les bergers à l'abri sous le mont Govardhana qu'il soutient en l'air.
[33] Meurtre du démon Aghâsura. X, XII.
[34] Krishna sauve les bergers de l'incendie, X, XIX. Fréquence et causes des incendies, dans les régions tropicales, V, VI, 9.
[35] Cf. X, IX, légende du mortier auquel Krishna est attaché par sa mère.
[36] Cf. *V. P.* 29 et 30.
[37] L'énumération de I, XVI, 34 omet le grain d'orge *yaru* qui se trouve aussi dans le *Prem-Sagar*, p. 61 ; le lotus est nommé entre autres, III, XXIV, 17.
[38] Cf. *V. P.* 32.

28.   «Sûrement, elle a gagné le cœur du Seigneur, le bienheureux Hari, puisque Govinda, nous abandonnant, s'est plu à l'emmener en un lieu secret[39].

29.   «O bonheur! amies, c'est la poussière sacrée des pieds de Govinda, pareils au lotus, dont Brahma, Iça et Ramâdêvi se sont couvert la tête pour effacer leurs péchés!

30.   «Devant ces pas de femme, notre trouble est au comble, parce que cette Gopî jouit seule en secret, à notre détriment, des lèvres d'Atchyuta[40].

31.   «Nulle trace apparente de ses pas ici; sans doute, les jeunes pousses des herbes blessant la plante de ses pieds délicats, le bien-aimé a porté sa bien-aimée.

32.   «Ici le bien-aimé a cueilli des fleurs pour sa bien-aimée: voyez ces deux pas à moitié tracés par la pointe de ses pieds[41].

33.   «Ici encore l'amant a arrangé les cheveux de l'amante: sûrement il était assis là, en disposant ces (fleurs) sur la tête de la bien-aimée[42].»

34.   Et il goûta le bonheur avec elle, bien qu'il trouve son bonheur et sa joie en lui-même et qu'il soit impassible, pour montrer l'abaissement des amants et la perversité des femmes[43].

35.   Et elle, s'estimant alors la plus grande entre toutes les femmes: «Il a délaissé les Gopîs qui l'adorent, disait-elle, et c'est moi qu'aime le bien-aimé.»

36.   Puis, arrivée à certain endroit de la forêt, elle dit avec orgueil à Kéçava: «Je ne peux pas marcher; porte-moi où tu voudras[44].»

37.   A ces mots, il répondit à sa bien-aimée: «Monte sur mon épaule;» et puis Krishna disparut, laissant l'épouse à sa douleur.

---

[39] Cf. *V.P.* 32 et 34.

[40] 29-30. — D'après le choliaste ces deux stances sont dites par des personnes différentes, dont les unes croient et les autres ne croient pas à un acte de pénitence accompli par leur compagne.

[41] Cf. *V.P.* 33.

[42] *Upavistam* paraît employé à double entente; cf. III, xiv, 30, *upaviveça* «eut commerces» (Burn.), et, dans la stance suivante, *reme*. Cf. *V.P.* 34.

[43] Ici Çuka reprend la parole, *çukoktih*. Suit ici dans *C* et *D*:
«A ces empreintes plus marquées, reconnaissez, ô Gopis! les pas de l'amant, de Krishna, appesantis par le poids de la femme qu'il portait. Ici le héros à l'âme magnanime a posé à terre sa bien-aimée pour cueillir des fleurs.» — *B* et *D* après 31.
La str. suivante vient après 31, dans *C* et *D*:
«Ainsi disent les Gopis, hors d'elles-mêmes, se montrant tout en marchant celle que Krishna avait emmenée en laissant là les autres femmes.»
Elle est donnée en note et son objet paraît être de marquer la fin du discours des Gopîs. Elle n'est commentée dans aucun exemplaire.

[44] 36 *d.* — Cf. V, ii, 16. — Sur la cause de la disparition de Krishna, cf. *V.P.* 35.

38.   O seigneur! ô époux bien-aimé! où es-tu? Où es-tu (héros) aux bras puissants? O ami! montre-toi à moi, ton esclave digne de pitié. »

Çuka dit:

39.   En cherchant le chemin suivi par Bhagavat, les Gopîs virent non loin d'elles leur infortunée compagne, consternée de l'abandon de son bien-aimé.

40.   En apprenant par son récit quel orgueil elle avait ressenti (de la préférence) de Mâdhava, et quel mépris, dans sa perversité, elle avait fait de lui, elles en éprouvèrent une surprise très grande.

41.   Ensuite elles s'enfoncèrent dans la forêt tant que dura le clair de lune; quand elles virent les ténèbres venues, elles revinrent sur leurs pas [45].

42.   N'ayant que lui dans le cœur et sur les lèvres, imitant ses actions, s'identifiant avec lui, célébrant ses vertus, elles ne pensèrent même pas à leurs maisons.

43.   Revenues dans l'île de la Kâlindî et s'unissant à Krishna par la pensée, elles chantaient ensemble les louanges de Krishna et elles appelaient son retour [46].

---

[45] Cf. *V.P.* 40.
[46] Cf. *V.P.* 41.

CHAPITRE XXXI[47]

Les Gopîs dirent :

1. « Gloire au parc entre tous, grâce à ta naissance ! Indirà y fixe sa demeure jamais. (Dieu) compatissant ! montre-toi aux tiens qui ne vivent que pour toi et te cherchent en tous lieux.

2. « Quand de ton regard, plus brillant que le calice du lotus épanoui sur la mare d'automne, tu frappes tes servantes volontaires, ô maître des jeux d'amour ! (dieu) libéral ! n'est-ce pas un meurtre ici-bas[48] ?

3. « Par toi nous avons échappé maintes fois, ô héros ! à mille périls, à la mort dans les eaux empoisonnées, au démon fait serpent, à la pluie, au vent, au feu de l'éclair, au taureau, au fils de Maya.

4. « Non, tu n'es pas fils de la Gopî, tu es celui qui voit au fond du cœur de tous les êtres ! tu naquis à la prière de Vikhanas, pour le salut du monde, ô ami ! dans la famille des Sâtvats[49].

5. « O chef des Vrichnis ! ô bien-aimé ! ta main, pareille au lotus, donne la sécurité à qui se réfugie à tes pieds dans la crainte de la transmigration ; elle comble tous les désirs, elle étreint la main de Çri ; oh ! pose-la sur nos têtes !

6. « O héros ! toi qui dissipes les souffrances des habitants du parc ! toi dont le sourire anéantit l'orgueil chez ceux qui t'appartiennent, ô ami ! honore en nous tes servantes ! montre à tes femmes ton visage brillant comme le lis des eaux !

---

[47] Je ne trouve indiqué nulle part le mètre employé dans les stances 1-18. Suivant le scholiaste, les stances de ce chapitre sont dites par diverses personnes ; mais la conclusion, plus ou moins explicite, en est toujours la même : *driçyatâm*. On peut néanmoins, toujours suivant la glose, y voir aussi un discours suivi. Ainsi, à la seconde stance, les Gopîs, prévenant l'objection de Krishna : « Que m'importe que vous me cherchiez ? » répondent : « Montre-toi pour nous rendre la vie que tes regards nous ont ôtée. » —Str. 3 : « Pourquoi nous négliger aujourd'hui, toi qui jadis, etc. » — Str. 4 : « Puisque tu es né pour le salut du monde, il ne te sied pas de négliger tes adorateurs, etc. »

[48] *2 ab.* — Le lotus décrit ici parait être le *çaratpadma*, IV, XXIV, 52 ; il est foncé, *çâradendivara-çyâmam*, III, XXVI, 28, et on y compare souvent les yeux de Krishna. — *d.* La glose établit qu'on peut tuer autrement qu'avec le glaive ; les poètes hindous semblent avoir affectionné cette idée ; cf. Böhtlingk, *Ind. Spr.* 320 : *açastrarihito badhah*, et ci-dessous, XXXII, 6.

[49] *4 c.* — Au commencement du livre X, Vikhanas ou Brahmâ demande à Bhagavat de s'incarner pour sauver la terre. — *d. Sâdvatam kule*, cf. IX, XXIV, ainsi que pour les Vrichnis de la stance suivante.

7. «Ton pied, pareil au lotus, efface les péchés de tes adorateurs, il suit les troupeaux, il est la demeure de Çrî, il a pressé la crête du serpent[50] ; pose-le sur nos seins! anéantis notre amour!

8. «La douceur de ta voix et la beauté de tes discours qui ravissent les sages, héros aux yeux de lotus! ont jeté le trouble chez tes servantes ; nourris-nous du nectar de tes lèvres.

9. «L'ambroisie de ton histoire, qu'ont chantée les sages inspirés, rend la vie aux affligés, enlève les souillures, sanctifie par l'audition et donne la paix ; qui la célèbre au loin sur la terre, y fit (jadis) beaucoup de bien[51].

10. «Ton sourire, ô bien-aimé! ton regard affectueux et tes joyeux ébats, bonheur de la méditation, tes secrètes caresses qui touchent le cœur, ô perfide! jettent le trouble dans nos âmes.

11. «Lorsque, sortant du parc, tu mènes paître les troupeaux. ô maître chéri! à la pensée que les épis, les herbes et les jeunes pousses déchirent ton pied, beau comme le lotus, l'inquiétude s'empare de nos cœurs.

12. «Le soir quand tu reviens te montrer avec ton visage, pareil au lotus des bois, encadré dans les boucles de tes noirs cheveux et couvert d'une épaisse poussière, ô héros! tu allumes l'amour dans nos cœurs!

13. «O bien-aimé! ô toi qui tues le chagrin! presse sur nos seins ton pied, pareil au lotus, qui comble les vœux de tes serviteurs, qui fut adoré par Brahmâ, et qui fait l'ornement de la terre, l'objet de la méditation dans l'adversité et la paix de l'âme.

14. «Donne-nous, ô héros tes lèvres d'ambroisie qui complètent le plaisir et détruisent la douleur, que baise amoureusement ta flûte harmonieuse, et qui font oublier aux hommes les autres amours!

15. «Quand pendant le jour tu vas parcourant la forêt et te dérobant à leurs regards, une seconde est pour eux une éternité ; lorsqu'ils contemplent tes cheveux bouclés et ton visage divin, ils maudissent l'insensé qui mit des paupières sur les yeux.

16. «Foulant aux pieds maris, fils, famille, frères et parents, ô Atchyuta! nous sommes accourues vers toi, tu le sais, troublées par tes accords. Perfide! quel autre abandonnerait des femmes au milieu de la nuit?

17. «Depuis que nous avons vu tes yeux secrets, ton visage souriant qui fait

---

[50] 7 c. — Phani = serpent Kâliya. X, XVII.
[51] Le scholiaste établit, d'après le texte, une comparaison suivie entre l'ambroisie et l'histoire de Krishna, et donne l'avantage à celle-ci.

naître l'amour, ton regard affectueux et ta large poitrine où Çri repose, sans cesse de violents désirs nous assaillent et troublent nos cœurs.

18.   « Oui, ta naissance détruit le mal et répand le bien à profusion parmi les habitants du parc ; oh ! à nous aussi dont le cœur brûle pour toi, donne un peu du remède qui tue la tristesse chez ceux qui t'appartiennent !

19.   « Quand tu parcours la forêt de ton pied délicat, pareil au lotus, que nous voudrions poser avec précaution et en tremblant sur nos seins déjà trop fermes, la crainte qu'il ne se blesse aux cailloux du chemin fait palpiter nos cœurs qui ne vivent que pour toi[52]. »

---

[52] Cf. *V. P.* 42.

CHAPITRE XXXII

Çuka dit :

1. Ainsi les Gopîs exhalaient dans leurs chants mille plaintes diverses, ô roi ! et, éclatant en sanglots, elles soupiraient après la vue de Krishna ; quand à leurs yeux apparut, le visage souriant, vêtu d'une robe jaune et paré de sa guirlande, le petit-fils de Çûra[53], qui trouble celui-là même qui trouble les cœurs[54].

3. En voyant leur bien-aimé de retour, les jeunes femmes, ouvrant les yeux de bonheur, se levèrent toutes au même instant comme les membres à l'arrivée du souffle de vie[55].

4. L'une prenant la main de Çauri, pareille au lotus, la portait avec joie sur son front dans les siennes ; une autre soutenait sur son épaule le bras de Krishna, orné de sandal.

5. Une jeune beauté, joignant les mains, y recueillait une bouchée de bétel ; une autre, brûlant d'amour, posait sur ses seins son pied pareil au lotus.

6. Une autre, fronçant les sourcils, semblait vouloir dans un transport d'amour et de colère le tuer de ses regards obliques et insultants, en se mordant les lèvres.

7. Telle qui savourait, les yeux immobiles, le lotus de son visage, le dévorait sans pouvoir se rassasier, comme les saints aux pieds de l'Être suprême.

8. Telle autre, l'introduisant dans son cœur par l'ouverture de ses yeux aussitôt refermés, et frissonnant de plaisir, reste en adoration, inondée de joie comme un ascète.

9. Toutes, élevées par la vue de Kéçava au comble de la félicité, elles furent affranchies de la douleur qui naît de la séparation : ainsi les hommes, une fois réunis à celui qui possède la science.

10. Le cœur libre de souci, elles entouraient le bienheureux Atchyuta, qui

---

[53] 2 *a* — Krishna était petit-fils de Çûra par son père Vasudéva, IX, xxiv, 25 et suiv.
[54] 2 *d* — *Manmathamanmatha* « amour de l'amour, » c'est-à-dire qui trouble l'amour lui-même, *sâxât tasya (kâmasya) api mohaka ity arthah*. C'est un des traits cités par le scholiaste en tête de la *Pantchâdhyâyî* ; cf. II, ɪɪ, 7, et la trad. de Burnouf : « Si voulant entrer dans le cœur de Bhagavat, la colère trernble de crainte, comment l'amour pourrait-il y trouver un asile ? »
[55] 3 *d.* — La même comparaison se retrouve IX, x, 46, et X, ʟᴠɪɪɪ, 2 ; allusion à un passage du Véda, publié et traduit par Burnouf, préf. du Iᵉʳ vol. du *Bh. P.* p. ᴄxxxvɪ et suiv.

resplendissait d'un éclat suprême, ô roi! comme le Purucha entouré de ses éner-gies [56];

11.   alors que les prenant avec lui, le seigneur entra dans l'île de la Kâlindi, peuplée d'abeilles qu'attire la brise embaumée des jasmins épanouis et des man-dâras,

12, (île) fortunée, d'où la lune d'automne par la multitude de ses rayons, chasse les ténèbres de la nuit, où la Crichna, étendant ses vagues comme des mains, accumule les cailloux polis.

13.   Affranchies de la tristesse par la joie de le contempler, elles obtinrent, comme les Védas [57], l'objet de leurs désirs; et de leurs vêtements tachetés du sa-fran de leurs seins, elles firent un siège à celui qui réside au fond des cœurs [58].

14.   Quand il s'y fut assis, Bbagavat, le Seigneur qui siège dans le cœur des maîtres du Yoga [59], brillait au milieu des Gopîs en adoration devant lui, revêtu d'un corps qui réunit la beauté des trois mondes.

15.   Après qu'elles eurent honoré celui qui les embrase d'amour et pressé ses mains et ses pieds sur leurs seins, en donnant à leurs sourcils un mouvement gra-cieux accompagné de regards aimables et souriants, elles dirent avec des éloges mêlés de quelque dépit.

Les Gopîs dirent:

16.   « Quelques-uns aiment quand ils sont aimés; d'autres, même quand ils ne le sont pas; d'autres encore n'aiment jamais, aimés ou non. Oh! daigne nous expliquer cela. »

---

[56] 10. — *Purûsah çaktibhir yathâ* «l'âme suprême entourée des qualités de bonté, etc. cf. ci-dessus, XXIX, 14; ou bien le *purusa* «à l'œuvre,» *apâsaka* «entouré de la science, de la force, de l'énergie;» ou bien le purusa anuçayî (*çayânam vâ gukâçayam* «endormi dans le mystère,» par opposition à *prexanîyehitam* «donnant le spectacle de ses œuvres,» III, XXVIII, 19), entouré de la Prakriti et de ses autres énergies en puissance.

[57] 13 *b*. — *Çrutayo yatha*. «Voici le sens, dit la glose. De même que dans le *Karmakhânda*, ou la partie qui traite des œuvres, les Védas ne voyant pas le souverain seigneur sont incomplets à cause des liens des pratiques diverses; tandis que, dans la partie qui traite de la science, *jñd-nakhânda*, ils voient le souverain seigneur et, remplis de joie à cette vue, ils sont affranchis des liens des œuvres; de même celles-ci, etc.» Sur l'insuffisance du Véda, ou plutôt du *Karmakhân-da*, voy. le discours du brahmane au roi, V, XI, 2 et suiv.

[58] 13 *d*. — Atmabandhave = antaryâmine et «proche parent,» d'après un dictionnaire indigène cité par Böhtl. Le mot peut être pris dans les deux sens. Krishna, réputé fils de Nanda, était regardé comme un pareil par les habitants du parc.

[59] La pensée du premier hémistiche est une de celles qui viennent le plus souvent; cf. entre autres passage. Cf. IV. XXIV, 37.

Le Bienheureux dit:

17.   Ceux qui aiment pour être aimés, ô amies! n'ont en vue que leur intérêt propre; il n'y a là ni affection ni devoir; c'est calcul égoïste et rien autre.

18.   «Là où l'amour n'est pas payé de retour, comme chez les êtres compatissants et chez les pères, là est le devoir parfait et le dévouement, ô toutes belles!

19.   «Quelques-uns n'aiment pas même qui les aime, encore moins qui ne les aime pas. Ce sont ceux qui trouvent le bonheur en eux-mêmes, ou dont les désirs sont satisfaits, les ingrats, ceux qui maltraitent un gourou[60].

20.   «Quant à moi, ô amies! si je n'aime pas les êtres qui m'aiment, c'est pour qu'ils se livrent à la dévotion: ainsi l'homme tombé dans la pauvreté, par la perte des trésors qu'il avait amassés, n'a de souci et de pensée que pour eux.

21.   «De même, ô femmes qui pour moi avez renoncé au monde, au Véda et à tous les vôtres! c'est pour que vous me soyez dévouées que, vous aimant à votre insu, je me dérobe vos yeux. Ne blâmez donc pas votre bien-aimé, ô bien-aimées[61]!

22.   «Non, je ne puis reconnaître le mérite de votre attachement désintéressé, même en vous donnant de vivre autant que les dieux, à vous qui m'avez aimé jusqu'à briser les chaînes indestructibles de la famille! Que vos mérites soient leur récompense à eux-mêmes!

---

[60] Les gourous sont le précepteur, le père et la mère, *Ind. Spr.* 1804. On donne aussi ce nom à tout bienfaiteur, *apakartâ gurutulyah*, sch.

[61] En effet, il entend leurs paroles affectueuses, dit la glose, bien qu'elles ne le voient pas.

CHAPITRE XXXIII

Çuka dit :

1.   En entendant de la bouche de Bhagavat ces paroles pleines de charmes, les Gopîs furent affranchies de la douleur qui naît de la séparation, et sa présence mit le comble à leurs vœux.

2.   Alors, sous la conduite de Govinda, commencèrent les jeux du ràsa que célébraient avec lui ses femmes dévouées et joyeuses, brillantes comme des perles, en se tenant entre elles par le bras.

3 et 4[62]. La fête du ràsa, embellie par le cercle des Gopîs, était menée par Krishna, qui, usant de sa puissance magique et se plaçant entre elles, deux à deux, les tenait embrassées par le cou ; et chaque femme croyait qu'il était auprès d'elle. Cependant le ciel se couvrit de cent chars montés par les dieux en compagnie de leurs épouses et le cœur consumé de regret.

5.   Alors les tambours retentirent, des pluies de fleurs tombèrent du ciel et les chefs des Gaudharvas chantèrent avec leurs épouses sa gloire sans tache.

6.   Les bracelets, les anneaux des pieds et les clochettes des femmes, accompagnées de leur bien-aimé, produisaient un bruit confus dans le cercle du ràsa[63].

7.   Là resplendissait sous l'éclat de ses femmes le Bienheureux, fils de Dévakî, comme une grosse émeraude parmi des pierreries aux reflets d'or[64].

8.   Tandis que, à frapper la terre du pied, à agiter le bras, à mouvoir les sourcils avec grâce en souriant, à se briser la taille, à faire bondir leurs seins et flotter leurs voiles : tandis qu'à secouer sur leurs joues leurs boucles d'oreilles la sueur inondait leur visage, et que leurs cheveux et leurs ceintures se dénouaient, les femmes de Krishna brillaient en chantant ses louanges, comme les éclairs sur le cercle du nuage.

9.   Elles chantaient avec force en dansant, variant le son de leurs voix, s'eni-

---

[62] Cf. *V.P.* 47-49.
[63] Cf. *V.P.* 50.
[64] On sait que Krishna est d'un bleu foncé. Suivant la glose, ou bien l'émeraude, c'est-à-dire Krishna, resplendit entre chaque couple de pierres ou bien il n'y en a qu'une seule aux yeux des Gopîs.

vrant de plaisir et transportées de joie aux caresses de Krishna dont la louange remplit le monde.

10.   Certaine Gopî, accompagnée par Mukunda sur une clef, chantait sur une autre; et lui, prenant plaisir à l'entendre, l'honorait en disant: «Très bien! très bien!» Elle chantait le refrain, et il lui témoignait beaucoup d'estime[65].

11.   Une autre, épuisée de fatigue par le ràsa, appuyant son bras sur l'épaule du héros armé d'une massue, qui se tenait auprès d'elle, laissait flotter ses bracelets et les jasmins de sa guirlande.

12.   L'une d'elles, qui soutenait sur son épaule le bras de Krishna imprégné de sandal, sentant le parfum délicieux qu'il exhalait, le baisait en tressaillant de plaisirs[66].

13.   A une autre, qui pressait sur sa joue la joue (du héros) embellie par d'éclatants pendants d'oreilles qu'il agitait en dansant, il donnait une bouchée de bétel.

14.   Tout en dansant, en chantant et en faisant résonner les anneaux de ses pieds et (les clochettes) de sa ceinture, une autre, accablée de fatigue, prenant la main propice d'Atchyuta, qui se tenait auprès d'elle, la posait sur ses seins.

15.   Les Gopîs réunies au bien-aimé Atchyuta, le favori préféré de Çri entre tous, se livraient à la joie et chantaient ses louanges, pendant qu'il les tenait par le cou dans ses bras.

16.   Les oreilles parées de lotus, les joues ornées de boucles de cheveux, le visage étincelant de sueur, les Gopîs dansaient au son des bracelets, des anneaux des pieds, des clochettes et des instruments de musique, en compagnie de Bhagavat, laissant tomber les fleurs de leur chevelure, dans la salle où les abeilles tenaient lieu de musiciens.

17.   Ainsi, parmi les embrassements, les attouchements voluptueux, les amoureux regards, les jeux effrénés et les rires, l'époux de Râma goûtait le bonheur avec les belles du parc, comme l'enfant qui s'amuse de la réflexion de son image.

8.   La joie d'être unies à lui troublant tous leurs sens, les femmes du parc n'avaient pas la force de relever soudain leurs cheveux, leur robe ou le voile de leur sein, et elles laissaient tomber leurs guirlandes et leurs ornements, ô descendant des Kurus!

19.   A la vue des jeux de Krishna, le trouble s'empara des épouses des dieux

---

[65] 9-10. Cf. le *Prem Sagar,* p. 64 de la traduction anglaise.
[66] 11-12. — Cf. *V.P.* 52-53.

en proie aux tourments de l'amour; et la lune, ainsi que les constellations, en fut émerveillée[67].

30.   Le Bienheureux, se multipliant autant de fois qu'il y avait de Gopîs, goûta le bonheur avec elles en se jouant, lui qui trouve son bonheur en lui-même.

21.   Les voyant fatiguées par ces violents ébats, (le héros) compatissant leur essuyait le visage avec amour de sa main propice, ô roi!

22.   D'un regard souriant que rehaussait l'éclat de leurs joues, où brillaient, mêlés aux boucles de leurs cheveux, d'étincelants pendants d'oreilles en or, les Gopîs, honorant le héros, chantaient, ivres de joie au contact de ses ongles, les actions méritoires qu'il avait accomplies.

23.   Confondu au milieu d'elles et suivi d'abeilles, pareilles aux chefs des Gandharvas, qu'attirait sa guirlande froissée par les étreintes de ses femmes et rougie du safran de leurs beaux seins, il entra dans l'eau pour se délasser tel (y entre), épuisé de fatigue, le roi des éléphants avec ses compagnes en brisant les barrières[68].

24.   Tandis qu'au milieu des ondes les jeunes femmes l'arrosaient à l'envi et lui jetaient de l'eau de toutes parts avec une aimable gaieté, ô roi! tandis que du haut de leurs chars les dieux versaient des pluies de fleurs et chantaient ses louanges, il prenait plaisir, bien qu'il trouve son bonheur en lui-même, à jouer au milieu d'elles comme le roi des éléphants[69].

25.   Et puis, dans le bosquet de la Crichnà où l'air est embaumé de tous côtés par l'arome des fleurs de la terre et des eaux, il se promenait entouré d'une multitude d'abeilles et de femmes, comme l'éléphant en rut avec ses femelles.

26.   Ainsi, fidèle à sa promesse, il passait avec la troupe de ses femmes dévouées toutes les nuits éclairées par les rayons de la lune et propices aux sentiments célébrés dans les poèmes d'automne, lui qui renferme sa jouissance en lui-même.

Le roi dit:

27.   «C'est pour affirmer la justice et pour réprimer le crime que Bhagavat, le maître du monde, a incarné une portion de son être.

28.   «Comment lui qui enseigne, établit et protège les barrières de la justice',

---

[67] 19. — La marche des astres est suspendue, suivant la glose; de là ce qui est dit ci-dessous, str. 39 a.

[68] 23 d. — Ce qui est dit de l'éléphant doit s'entendre en ce sens, suivant la glose, que Krishna foule aux pieds les usages du monde et les pratiques du Véda. Cf. I, XVIII, 35; et ci-dessous 28 a.

[69] 24 d. — Gajendrabla, cf. V, XVIII, 39, où la comparaison est exprimée à la manière européenne.

ô brahmane! a-t-il, au mépris de la justice, touché à des femmes qui n'étaient pas à lui[70]?

29. «Puisque ses désirs sont satisfaits, que voulait le chef des Yadus, quand il commit cet acte blâmable? Dissipe le doute qui s'élève en nous, ô pieux solitaire!»

Çuka dit:

30. «Parce que des grands ont violé la loi et commis un crime, gardons de l'imputer à faute à ces êtres puissants, non plus qu'au feu de tout dévorer[71].

31. «Que jamais nul, s'il n'est leur égal, ne commette un tel acte même en pensée; ainsi tout autre que Rudra périt à avaler follement le poison sorti de l'Océan[72].

32. «Ce que disent les grands est bien; ce qu'ils font, l'est quelquefois. D'eux, le sage n'imite que ce qui est conforme à leurs discours.

33. «Il n'y a pour eux ici-bas ni avantage à bien faire, ni dommage à mal faire, ô roi! parce qu'ils n'ont pas de personnalité.

34. «A plus forte raison le rapport de bien et de mal n'existe pas entre le Seigneur de tous les êtres, animaux, mortels ou dieux, et les créatures qui lui sont soumises.

35. «Quand ceux qui se sont complu à adorer la poussière de ses pieds, pareils au lotus, sont délivrés de tous les liens des œuvres par la puissance du Yoga; quand les munis marchent libres et sans entraves, comment celui qui a pris un corps de sa propre volonté serait-il enchaîné par les œuvres?

36. «En revêtant un corps ici-bas, lui le régulateur suprême qui se meut au sein des Gopîs, de leurs époux et de tous les êtres animés, il ne faisait que se jouer[73].

37. «C'est par bienveillance pour les êtres qu'il prend un corps humain et se livre à ces jeux, afin qu'on s'attache à lui en en écoutant le récit.

38. «Et, certes, les habitants du parc, troublés par sa puissance magique, n'ont eu garde d'accuser Krishna, persuadés que leurs femmes étaient auprès d'eux.

---

[70] 28 *b*. — Bhagavat crée et protège les barrières de la loi, III, ix, 19. Les femmes des autres doivent être respectées comme une mère, IV, xvi, 17.
[71] 30. — Sur le nom d'*Içvara* donné à d'autres qu'à l'être suprême, cf. I, iii, 27 (les Richis, etc. sont réputés tous des portions de Hari), et l'emploi du nom français *seigneur*.
[72] 31. — Il s'agit ici du poison kâlakûta avalé par Rudra ou Çiva.
[73] Cf. *V.P.* 60.

39.   « Quand la nuit de Brahma fut terminée[74], les Gopîs, qu'avait troublées le fils de Vasudésa, retournèrent à regret dans leurs maisons, le cœur plein de Bhagavat.

40.   « Et quiconque écoute et raconte avec foi ces jeux de Vichnu avec les femmes du parc, animé soudain d'une dévotion profonde pour Bhagavat, il est affranchi du désir qui ronge le cœur, et affermi dans la sagesse[75]. »

---

[74] 39 *a.* — *Dasam Askand,* trad. Pavie, p. 109. « Et il se trouva qu'une nuit du jour de Brahma était terminée. »
[75] 40. — Dans le Bhâgavata, les épisodes sont ordinairement terminés comme celui-ci, par une prière ou bénédiction, dont la pensée est prise dans l'épisode lui-même.

KRISHNA, L'AMANT DIVIN

Le Bhâgavata-Purâna, est aujourd'hui encore l'un des livres les plus populaires et les plus lus de l'Inde. Pourquoi ? Parce que l'immense poème raconte, comme un feuilleton, les péripéties de la vie amoureuse de Krishna, huitième avatar de Vishnu, le conservateur des mondes.

Le récit des obstacles rencontrés par les bergères amoureuses du dieu (les gôpis) et des ruses qu'elles emploient pour satisfaire leurs passions suffiraient à passionner lectrices et lecteurs s'ils n'attiraient en outre adorateurs et croyants de Vishnu-Krishna auxquels le livre révèle, depuis treize siècle, les secrets de l'accomplissement spirituel. Car les épisodes de la vie de l'avatar, ses provocations et ses dérobades, sont autant d'allégories des difficultés que doit surmonter le pratiquant (*sâdhak*), sur la route de son développement spirituel (*sâdhanâ*).

Véritable traité du « retour de l'âme à l'Essence divine », le Bhâgavata-Purâna est « un manuel minutieux et pratique pour qui veut suivre la voie de l'Amour divin[76] » à travers les méandres des passions humaines.

La naissance de Krishna

En ce temps-là, les démons écrasaient la Terre sous leur poids accablant. La Terre requit la protection du Créateur. Il intervint auprès de Vishnu, le Seigneur des Seigneurs, afin que celui-ci s'incarne, dans la maison de Vasudêva, pour combattre les démons et soulager la Terre de ses malheurs. À peine le dieu est-il engendré, les démons veulent le tuer. Le sauveur du monde doit passer la première partie de son enfance dans la clandestinité, jusqu'à ce qu'il se révèle, à sa mère tout d'abord, en lui laissant apercevoir le monde entier dans le fond de sa gorge.

« Sa mère y vit l'univers, les êtres mobiles et immobiles, l'atmo-sphère, les régions, le globe terrestre avec ses montagnes ses mers et ses continents, ainsi que l'air, le feu, la lune et les étoiles, le zodiaque, l'eau, la lumière, le vent et l'éther, les sens (...), tous les éléments et les trois qualités (l'énergie, l'inertie et l'équilibre harmonieux)...

Embrassant d'un seul regard, par la bouche grande ouverte de son fils, « le

---

[76] Jean Herbert, *Le Yoga de l'Amour. La geste de Krishna* (Paris, Albin Michel, 1992).

33

monde varié, où tout corps possède en propre son principe de vie, les éléments de sa destinée, le temps, le caractère, les œuvres, les pensées, en l'y voyant lui-même, la mère terrestre du dieu doutait... »

On le comprend. Comment «l'être qui gouverne et concilie l'ultime dualité entre l'Absolu sans second et le monde de la multiplicité, l'être suprême (le Purushattama), le Brahman supra-cosmique (Parabrahman), l'âme humaine suprême (Paramâtman), avait-il pu prendre chair en elle ?

Krishna retire donc à sa mère cette vision qui la trouble ; et se comporte ensuite à la façon d'un jeune berger en gardant apparemment les veaux du troupeau familial (ces veaux symbolisent les illuminations spirituelles naissantes, mais nous ne sommes pas censés le savoir) et protégeant ses camarades contre les tentations et les dangers qui les menacent dans le Paradis où sa tribu s'est installée : Vrindâvan, «la forêt des jouissances terrestres ».

Les tentations et les dangers ?

C'est le risque de prendre pour des aspirations spirituelles, ce qui n'en constitue qu'un simulacre, «l'enlisement dans les cogitations intellectuelles stériles et paralysantes, ou la tentation de s'adonner complètement aux "jouissances terrestres[77]" ».

Mais ces mêmes jouissances ne paraissent-elle pas pourtant constituer, au fil des saisons, le but même de toute vie à Vrindâvan ?

Le poète Vyasa décrit la splendide forêt, riche en dattiers et en djambus couverts de fruits, dans laquelle Krishna s'amuse «avec les vachers et les bergers ». Les vaches au pas pesant, aux mamelles surchargées («d'où le lait s'échappait sous l'émotion de la joie ») accouraient à la voix du dieu. On y voyait des femelles transportées d'allégresse, des arbres d'où le miel suintait.

Krishna se réfugiait, quand il pleuvait, dans le creux d'un arbre ou dans une caverne pour y manger des oignons, des racines et des fruits. Et quand il faisait beau, assis sur un rocher au bord de l'eau, il se régalait, en compagnie des bergers, avec le lait caillé et le riz bouilli qu'il avait apportés.

Tel est le «paradis» de Vrindâvan, à la saison des pluies, que le Dieu lui-même est saisi d'admiration devant la création de Brahmâ :

«A la vue des taureaux et des veaux repus, couchés sur l'herbe et ruminant les yeux fermés, à la vue des vaches alourdies par le poids de leurs mamelles, et de la magnifique saison des pluies qui, reflétant sa propre puissance, apporte la joie à tous les êtres, Bhagavat (Krishna) fut saisi d'un sentiment de respect. »

Pour comprendre et partager le respect du Dieu, il est intéressant de savoir

---

[77] Jean Herbert, *op. cit.*

qu'en sanskrit *vrinda* signifie «la multitude,» et *vana* qui désigne d'abord «une forêt» peut prendre aussi le sens «d'aspiration ardente» ou de «délice». Selon son étymologie même, le Vrindâvan est ainsi «l'aspiration ardente de la multitude» ou, dans l'acception de Jean Herbert, «le monde où la multitude des êtres peut voir se réaliser ses "aspirations ardentes à des jouissances sublimes ou divines"».

Le Vrindâvan terrestre est, bien sûr, un reflet du Vrindâvan céleste, le paradis de Krishna, où se déroule éternellement sa *lîlâ*, le Jeu divin de l'enfant Krishna.

Le chant des bergères

> *...Vint l'automne, dégagé de nuages,*
> *aux eaux limpides, aux molles brises.*
> *Grâce à l'automne qui fait éclore les lotus,*
> *les eaux recouvrèrent leur pureté naturelle (...),*
> *la boue du sol et la souillure des eaux disparurent.*
> *Le ciel sans nuages étincelait d'étoiles aux clartés pures,*
> *Le disque de la pleine lune rayonnait*
> *parmi la foule des astres.*
> *Et sur les pas des vaches,*
> *des gazelles, des oiselles*
> *et des femmes excitées par la saison,*
> *les mâles accouraient.*
> *Les lotus des étangs parfumaient la brise;*
> *les volées d'oiseaux couvraient les lacs,*
> *les rivières et les hauteurs, tandis que,*
> *dans les profondeurs du bois,*
> *Krishna menait paître les vaches,*
> *tout en jouant de la flûte.*
> *En entendant les sons de cette flûte,*
> *qui ravissent le cœur de tous les êtres,*
> *toutes les femmes s'entretenaient de lui,*
> *l'embrassant en elles-mêmes.*

Les bergères, laissant libre cours à leur passion, chantaient les louanges du Bien-Aimé :

> *Bergères, quel acte méritoire*

a donc accompli ce roseau
pour jouir ainsi, à sa guise, ·
de l'ambroisie des lèvres de Dâmôdara (Krishna),
et n'en laisser que le parfum?
Les rivières en frissonnent de joie,
les arbres en versent des larmes...
Amie, Vrindâvan vaut à la terre
une gloire sans égale : le fils de Dêvaki (Krishna),
en y imprimant le lotus de ses pieds,
lui communique sa splendeur,
et sur les plateaux de ses montagnes,
à la vue des paons qui dansent, ivres de joie,
aux sons de la flûte de Govinda (Krishna),
tous les êtres demeurent immobiles.
Bienheureuses gazelles!
toute troublée qu'est leur intelligence,
dès que le fils de Nanda (Krishna),
revêtu de son brillant costume,
fait entendre les sons de sa flûte,
elles lui présentent, en compagnie de leurs noirs époux,
l'offrande de leurs regards affectueux.
À la vue de Krishna, de sa beauté et de sa noblesse
qui font la joie des femmes,
et aux accords merveilleux qu'il tire de sa flûte,
du haut de leurs chars célestes, les Déesses,
en qui l'amour ébranle la vertu,
laissent, dans leur effarement,
tomber les fleurs et les nattes de leurs cheveux
et glisser le voile de leurs seins.
Heureuses les femmes...!
si elles ont connu la passion d'amour à la vue du safran
qui, sur le sein des belles où il était étalé,
s'est rougi d'éclat au contact des pieds du héros...
Il leur a suffi, pour oublier leur souffrance,
d'appliquer leurs seins sur l'herbe qui en était teinte.

Le poète Vyâsa conclut ainsi le vingt et unième chant du dixième livre «du bienheureux Bhâgavata-Purâna, inspiré par Brahmâ»:

> *Au récit que les bergères se faisaient entre elles*
> *des jeux auxquels Krishna se complaisait*
> *en parcourant la forêt, leurs âmes s'unissaient à la sienne.*

Si nous citons aussi longuement le poème de Vyâsa, c'est pour mieux nous imprégner de cette luxuriante mystique nuptiale qu'inspire à ses fidèles le huitième *avatara* de Vishnu: Krishna, et nous permettre de mieux assimiler chacune des étapes de la réalisation spirituelle à laquelle nos âmes sont appelées, par la voie du Yoga de la dévotion, le *bhakti-yoga*. Car nos âmes sont les gôpis, les bergères du paradis, les amantes du Dieu. Et l'épopée du Bhâghavata-Purâna décrit allégoriquement les progrès que nous devons accomplir sur la voie de l'Amour divin pour parvenir à la béatitude.

Les fidèles doivent manifester leur dévotion sincère par de «pieuses observances»: la prière, le jeûne et les mortifications.

Les gôpis prient: «Durant le premier mois de l'hiver, elles ne vécurent que de graines sauvages et célébrèrent en l'honneur de Kâtyâyanî.»

Dès les premières lueurs de l'aube, elles façonnaient, au bord de l'eau, avec le sable de la rive, une image de la déesse qu'elles adoraient. Elles lui présentaient des parfums, des guirlandes de fleurs, des fruits et des graines, et la priaient:

«Kâtyâyanî[78], toi dont la puissance magique est grande et grandes les mystérieuses ressources, ô Déesse souveraine, fais que le fils du berger Nanda (Krishna) devienne mon époux! Hommage à toi!»

Le vol des saris

Un jour, les bergères jouaient dans l'eau en chantant les louanges de Krishna, après avoir déposé leurs vêtements sur la rive. Krishna se rendit alors au fleuve, enleva les vêtements des jeunes femmes, monta à la hâte sur un arbre et dit en plaisantant:

— Femmes, venez ici, et que chacune prenne, comme elle voudra, les vêtements qui sont à elles. Venez prendre vos vêtements, ô belles.

Devant cette «farce» de Krishna, les bergères, «dont le cœur débordait

---

[78] Autre nom de Durgâ, la puissance de manifestation de Shiva, destructeur des fausses personnalités.

d'amour», et qui se baignaient nues, se sentirent honteuses et, se regardant entre elles, souriaient sans oser sortir de l'eau froide où elles étaient plongées jusqu'au cou.

Elles protestèrent, en frissonnant:

— Allons, pas d'inconvenances! Nous savons qui tu es. Donne-nous nos vêtements, nous grelottons. Nous sommes tes esclaves. Donne-nous nos vêtements.

Krishna:

— Si vous êtes mes esclaves, approchez, venez prendre vos vêtements, ô belles au pur sourire.

«Alors toutes les jeunes femmes, frissonnant de froid, sortirent de l'eau en couvrant leur nudité des deux mains et se ramassant sur elles-mêmes sous l'impression du froid.»

Le Bienheureux fut gagné par la pureté de leurs sentiments. Il mit leurs vêtements sur une branche et elles se prosternèrent devant lui. Touché par cette marque de soumission, il leur rendit leurs vêtements.

«Elles revêtirent leurs robes, et, prêtes à s'unir à l'objet de leur amour, le cœur occupé de lui seul, elles ne bougeaient pas et tenaient leurs yeux fixés sur lui avec pudeur.

«Le Bienheureux Dâmôdara (Krishna), sachant que c'était le désir de toucher ses pieds qui leur avait inspiré ces pieuses dévotions, leur dit:

— Je sais, ô femmes vertueuses, que votre désir est de m'honorer, et ce désir, je l'approuve: il est juste qu'il se réalise. Allez, ô femmes, vos vœux sont exaucés: vous les passerez avec moi, au sein du bonheur, ces nuits pour lesquelles vous avez observé de pieuses pratiques en l'honneur d'Arya (Durgâ).

«Les jeunes femmes, méditant sur le lotus de ses pieds, s'en retournèrent à regret, tandis que le bienheureux fils de Dêvakî, quittant la forêt, mena paître les vaches au loin...»

On notera, avec Jean Herbert, que les gôpis plongées dans la Yamûna, se sont réfugiées dans l'Unité indifférenciée[79]. Quand Krishna les appelle, elles restent plongées dans l'eau «jusqu'au cou, ne laissant émerger que la tête (le mental)» ... Paralysées par l'eau froide (l'absence d'amour qui caractérise cet état indifférencié), les fidèles accèdent à l'appel de l'amour divin, pour se plonger dans la *parâ-bhakti*[80], la dévotion suprême: «elles se prosternèrent devant lui.»

Moralité de l'épisode: le *sadhak* ou *yogi*, le pèlerin d'amour doit offrir au di-

---

[79] Jean Herbert, *op. cit.*
[80] Dans la *parâ-bhakti*, on considère la vie comme merveilleuse et digne d'être vécue uniquement à cause de l'amour divin (Vivekânanda, *op. cit.*).

vin tout ce qu'il est sans rien retenir ni cacher. Quand ils voilent leur nudité au jardin d'Eden, Yahvé sait qu'Adam et Ève ont péché. Quand elles cachent avec les mains ce qu'elles ont de plus intime, les gôpis doivent subir, comme une nouvelle épreuve, le vol de leurs saris. Leur don de soi n'est pas encore complet. Sur la voie de la Béatitude, elles doivent aussi sacrifier leur pudeur.

L'appel du divin

Les jasmins s'épanouissaient au souffle de l'automne. Krishna, désirant se livrer au plaisir, recourut à la puissance magique du Yoga et fit retentir, sur sa flûte, « les harmonieux accords qui charment les femmes aux beaux yeux ».

Aux premières notes, les femmes se rendent à l'endroit où il les attend.

« Impatientes de le rejoindre, elles partaient, quittant, celles-ci les préparatifs du souper, celle-là les enfants qu'elles allaitaient, d'autres leur mari au moment de se rendre à ses vœux...

« D'autres encore, comme elles étaient à se parfumer, à s'essuyer, à s'appliquer le collyre sur les yeux, ou affublées à contre-sens de leurs vêtements et de leurs parures.

« Quoique fissent pour les retenir maris, pères, frères, parents, elles poursuivaient leur chemin, n'ayant de pensée que pour Govinda (Krishna).

« Plusieurs bergères qui étaient dans le gynécée et n'avaient pu en sortir, déjà unies de cœur à Krishna, portèrent sur lui toutes leurs pensées en fermant les yeux.

« La douleur qu'elles ressentaient de la séparation d'avec le bien-aimé, avait effacé leurs péchés, et elles furent réunies à l'âme suprême tout en croyant l'être à un amant. Quittant leur corps, elles furent délivrées de leurs liens. »

Le monarque auquel le poète récite la geste de Krishna s'étonne :

« Elles ne voyaient en Krishna qu'un amant et non l'être suprême ?...

« C'est le salut des hommes, ô roi, répond le poète, que poursuit l'être éternel. Quiconque lui est uni et dévoué s'identifie à lui. Et cela ne doit pas t'étonner de la part de Krishna, puisqu'il est l'Éternel, le maître des maîtres du yoga, le libérateur du monde. »

Mises en garde du dieu

Les femmes qui se sont échappées s'assemblent autour du dieu.

Krishna s'adresse à elles :

«Hommage à vous, femmes fortunées! Que puis-je faire pour vous être agréable? Dites ce qui vous amène?

«Voyez, la nuit est pleine de visions effrayantes et hantée par des êtres effrayants. Il ne convient pas à des femmes de rester ici.

«Vos mères, vos pères, vos fils, vos frères, vos époux, vous cherchent de tous côtés. Ne causez pas d'inquiétude à vos parents.

«Retournez sans tarder, obéissez à vos maris.

«Ah! c'est par affection pour moi que vous êtes venues ici. C'est bien à vous. Tout ce qui vit trouve en moi le bonheur.

«Mais le devoir suprême des femmes est d'obéir à leur mari, de veiller aux soins de leurs parents et à ceux de leurs enfants.

«C'est en m'écoutant, en me contemplant, en pensant à moi, et en célébrant mon nom qu'on fait preuve d'amour pour moi, et non pas en cherchant ainsi ma personne. Retournez dans vos maisons.»

À ces paroles du dieu, les bergères, s'abandonnèrent à une insurmontable tristesse.

«Inclinant vers la terre leurs visages aux lèvres desséchées par le souffle brûlant de la douleur, effaçant le safran de leurs seins, elles restaient immobiles et silencieuses, accablées sous le poids d'un chagrin sans bornes.»

Puis, «essuyant leurs yeux obscurcis par les larmes», elles lui répondirent:

«Loin de toi, ô maître, ce langage cruel. Nous avons renoncé à tous les objets sensibles pour venir adorer la plante de tes pieds. Rends-nous amour pour amour, ne nous abandonne pas...

«Tu as dit: le devoir propre aux femmes est de se dévouer à leurs maris, à leurs enfants et à leurs parents. Qui le conteste? Les sages mettent leur bonheur en toi. Qu'importent maris, enfants et autres sources de douleur? Sois-nous propice, ô maître suprême, ne trompe pas l'espérance que nous avons fondée sur toi...

«Par toi nous ont été ravies les pensées qui se renferment avec joie dans la maison et les mains qui se plaisent aux travaux domestiques... Nos pieds ne peuvent faire un pas loin de la plante de tes pieds. Comment retournerions-nous au village, Seigneur? Qu'y ferions-nous?»

«Sois-nous propice, toi qui détruis la douleur! Permets-nous d'être tes esclaves...

«Est-il une femme dans les trois mondes, ô maître, dont la raison ne s'égare et qui n'oublie ses devoirs les plus saints, quand les vaches, les oiseaux, les bêtes fauves, les arbres eux-mêmes tressaillent d'allégresse aux notes de tes chants, aux accords de ta flûte, à la vue de ta personne?»

Les étreintes du dieu

Alors, le maître des maîtres du yoga, ayant entendu les plaintes des bergères, leur sourit avec bonté et satisfit leurs désirs.

« Tandis que leurs visages s'épanouissaient sous le regard du bien-aimé, Atchyuta (Krishna), resplendissait comme l'astre des nuits au milieu de la foule des étoiles.

« Répondant par ses chants aux chants qu'elles entonnaient à sa louange et guidant la troupe de ses cent femmes, il parcourut la forêt...

« Et, entrant avec elles sur une île, il jouit du souffle de la brise qu'embaumaient les lotus de nuit.

« Il les prenait, les bergères ! Il les étreignait dans ses bras, promenant sa main sur leurs mains, dans les boucles de leurs cheveux, sur leur corsage et sur leurs seins, y imprimant, tout en badinant la marque de ses ongles, jouant avec elles, les regardant et leur souriant, allumant et satisfaisant leur amour. »

Cependant les bergères furent si fières de posséder « le bienheureux » qu'elles se crurent, dans leur orgueil, « bien au-dessus des femmes de la terre ».

Les attouchements divins leur faisaient perdre la raison.

« Alors, voyant l'ivresse et l'orgueil que leur inspirait sa beauté merveilleuse, Krishna disparut soudain du milieu d'elles pour leur rendre le calme et la sérénité.

« Pour les guérir et les bénir aussi. »

La quête du bien-aimé

Le bienheureux Krishna ayant disparu, les gôpis se désolaient de ne plus le voir, « comme les femelles de l'éléphant, quand elles ne voient plus le chef du troupeau ».

« Le cœur occupé de lui seul, de sa démarche, de son sourire, de ses regards, de ses discours, les bergères prenaient les attitudes du dieu, et s'identifiaient à lui.

« Les bien-aimées imitaient sa démarche, son sourire, son regard et ses moindres mouvements... »

De forêt en forêt, elles le cherchaient comme des insensées, chantant à haute voix et demandant aux arbres et aux plantes, à la terre et aux gazelles, des nouvelles de lui, « le Purusha qui réside au dedans et au dehors des êtres ».

« Avez-vous vu passer le fils de Nanda qui nous a ravi nos cœurs ? Est-il passé par ici celui dont le sourire fait perdre leur orgueil aux plus belles femmes ?

« Et toi, propice basilic qui chéris ses pieds, l'as-tu vu ton bien-aimé ? Vous tous, arbres qui ne vivez que pour le bien d'autrui, ô riverains de la Yamunâ, dites-nous le chemin qu'a suivi Krishna quand il nous a délaissées?

« O gazelle amie, est-il passé par ici avec sa bien-aimée celui dont la beauté fait la félicité de vos yeux ? »

Ainsi se lamentaient les bergères dans leur quête éperdue, errant dans la forêt jusqu'à ce qu'elles aperçussent ses traces...

« Car les traces du dieu se reconnaissent à l'étendard, au lotus, au foudre, à l'aiguillon et au grain d'orge... »

Mais en trouvant le chemin suivi par Krishna, les jeunes femmes découvrent les traces des pas d'une femme à côté des siens. La jalousie les torture :

« Quels sont ces pas ? Quelle est la femme qui est passée ici, avec lui ?

« Il faut qu'elle ait gagné le cœur du Seigneur, pour que, nous abandonnant, il se soit plu à l'emmener dans un lieu secret.

« Elle n'a laissé ici nulle trace de ses pas : sans doute, le bien-aimé l'a-t-il portée dans ses bras...

« Ici, il a cueilli des fleurs pour elle et s'est dressé sur la pointe des pieds : voyez ces pas à demi formés.

« Ici, il a arrangé les cheveux de la bien-aimée. Il était assis pour disposer des fleurs sur sa tête. »

Ainsi s'irritaient les bergères, se montrant les unes aux autre les traces de celle que Krishna avait élue pour savourer les joies de l'union.

L'élue

« Krishna goûta le bonheur avec elle, bien qu'il trouve son bonheur et sa joie en lui-même, bien qu'il soit impassible...

« Et elle s'estimait alors la plus belle de toutes les femmes :

– "Il a délaissé les bergères qui l'adorent, disait-elle, et c'est moi qu'aime le bien-aimé".

« À un certain endroit de la forêt, elle lui dit avec orgueil :

– "Je n'ai plus la force de marcher ; emmène-moi où tu voudras".

Le dieu lui répondit :

« Monte sur mes épaules. »

Et il disparut !..

L'épouse s'abandonna à sa douleur :

« O époux bien-aimé, où es-tu ? Montre-toi à mes yeux ! O ami, montre-toi à ton esclave infortunée. »

Krishna reste invisible. L'élue avait manifesté l'amour le plus parfait et elle a connu les joies de l'union mystique. Mais les extases mêmes dont elle jouissait ne la mettaient pas à l'abri d'une chute.

«S'imaginant être seule digne du privilège dont elle jouissait, elle a cru pouvoir en profiter pour renverser les rôles. Au lieu de servir le Divin, elle a voulu que le Divin la serve (la porte)...»

Le châtiment survient: Krishna disparaît. Elle se retrouve dans le groupe des gopîs qui continuent de chercher ensemble, «le chemin du Bienheureux».

Les bergères pleuraient et se lamentaient, quand il leur apparut en personne, le visage souriant, vêtu d'une longue robe jaune et paré d'une guirlande de fleurs.

Elles se levèrent toutes en même temps.

«L'une prenait sa main et la tenait avec joie dans les siennes; une autre appuyait sur son épaule le bras du dieu.

«Une jeune fille, brûlant de passion, posait sur ses seins le pied du bien-aimé.

«Telle autre, l'introduisant dans son cœur par ses yeux aussitôt refermés, frissonnant de plaisir, l'y caressait, immobile et inondée de joie comme un ascète.

«Toutes furent affranchies de la douleur qui naît de la séparation...

«L'âme dégagée de chagrin, elles entouraient le bienheureux, et lui resplendissait au milieu d'elles, comme le Purusha entouré de ses énergies.»

Alors le Seigneur alla avec elles dans l'île de la Yamunâ. Il s'assit sur les tuniques tachées du safran de leurs seins. Et répondit à leurs questions.

Les bergères dirent:

«Quelques uns aiment qui les aime; d'autres qui ne les aime pas; d'autres encore n'aiment ni dans un cas ni dans l'autre. Oh! daigne nous expliquer cela.»

Le Bienheureux leur répondit:

«Ceux qui aiment qui les aime, ô amies, n'ont en vue que leur intérêt propre; il n'y a là ni affection ni vertu; c'est un calcul égoïste et rien d'autre.

«Là où l'amour n'attend pas de retour, comme chez les êtres compatissants, là est le devoir parfait, là est l'affection vraie, ô toutes belles.

«Quant à moi, si je ne témoigne pas d'amour aux êtres qui m'aiment, c'est pour qu'ils s'adonnent à la dévotion.

«De même, ô femmes, qui avez renoncé pour moi au monde, au Vedas et à tous les vôtres, c'est pour que vous vous tourniez vers moi que je me suis dérobé à vos yeux.

«Je ne saurais méconnaître le mérite de votre dévotion irréprochable, vous qui m'avez aimé jusqu'à briser les chaînes des affections domestiques.

«Que votre conduite méritoire soit à elle même sa récompense.»

La Râsa-Lîlâ

Alors Krishna commença la grande danse (*râsa-krîta*) avec les bergères qui formaient un cercle en se tenant par la main.

« Usant de la puissance mystérieuse dont il dispose et pénétrant entre chaque couple de femmes, il passait ses bras autour de leurs cous et chacune d'entre elles croyait l'avoir auprès de soi.

« Le ciel se couvrit de centaines de chars divins où les Suras (les Dieux), accompagnés de leurs épouses, se consumaient de désirs.

« Les tambours retentirent. Des pluies de fleurs tombèrent du ciel et les dieux célébrèrent avec leurs épouses la gloire immaculée de Krishna. »

Les gôpis agitaient leurs bracelets, les anneaux de leurs pieds et leurs clochettes. Elles frappaient la terre du pied, agitaient les bras, se brisaient la taille, faisaient flotter les voiles de leurs seins, secouaient sur leurs joues leurs boucles d'oreilles. La sueur inondait leurs visages. Leurs cheveux et leurs ceintures se dénouaient.

Tout en dansant, elles chantaient, variant leurs accords, et s'enivraient de plaisir, transportées de joie par les caresses du dieu. Excédée de fatigue par la danse, l'une appuyait son bras sur l'épaule de Krishna, laissant glisser ses bracelets et flotter les jasmins de sa guirlande. Une autre l'embrassait en tressaillant de plaisir. Une troisième prenait sa main pour la poser sur ses seins.

« Ainsi, parmi les embrassements, les attouchements, les amoureux regards, les jeux et les rires effrénés, Krishna goûtait le bonheur avec les bergères, comme l'enfant sourit à la vue de son image réfléchie.

« L'ivresse qu'elles éprouvaient au contact de sa personne troublait tous leurs sens. Elles n'avaient pas la force de relever leur chevelure, leur robe ou le voile de leur sein, et elles laissaient tomber guirlandes et parures...

« Le Bienheureux, se multipliant autant de fois qu'il y avait de bergères, goûta le bonheur avec elles.

« Et, comme à la suite de ces violents ébats elles succombaient à la fatigue, le héros compatissant leur essuyait le visage avec amour de sa main bienfaisante.

« Confondu au milieu d'elles et suivi des abeilles qu'attirait sa guirlande froissée par les étreintes de ses femmes et rougie du safran de leurs beaux seins, il entra dans l'eau pour s'y délasser.

« Fidèle à sa promesse, il passa ainsi avec la troupe de ses femmes toutes les nuits égayées par les rayons de la lune et propices à l'amour qu'inspire l'automne et que célèbrent les poèmes... »

Le roi auquel le poète a fait ce récit des amours de Krishna s'étonne du comportement immoral d'un dieu qui, au mépris de la loi, connait des femmes «qui ne sont pas à lui».

Et le poète répond :

«Rien n'est bien, rien n'est mal pour le Seigneur, à qui tous les êtres doivent obéissance...»

Table des matières